Olaf Schubert · Thierry Dodin

TIBET

Olaf Schubert · Thierry Dodin

TIBET

rosenheimer

Ganz im Südosten der tibetischen Hochebene (in der heutigen chinesischen Provinz Yunnan) liegt Gyeltang. Hier wurde um 1678 n. Chr. im Auftrag des 5. Dalai Lama das Kloster Sungseling errichtet, in dem heute 600 Mönche leben.

Land am Fuße des Mount Everest

Erdgeschichtliche Ursprünge

Jedem, der als Kind mit faszinierten Augen einen Globus vor sich hat drehen lassen, wird es wissen. Tibet ist schon aufgrund seiner geographischen Gegebenheiten ein besonderes Land. Inmitten der asiatischen Landmassen, sämtlich aufgrund ihrer eher tieferen Lage auf dem Globus grün dargestellt, zeigen sich seine Höhen in Gelb-Beige bis Weiß, unverkennbar das höchste und gewaltigste Hochplateau dieser Erde.

Tibet verdankt seine Existenz und seine besonderen physischen Gegebenheiten einer dramatischen Episode der Erdgeschichte: dem Zusammenstoß der indischen und der asiatischen Landplatten als einem Ergebnis der Kontinentalverschiebung. Nachdem der Gondwana genannte Urkontinent in verschiedene Platten zerbrochen war, schoben sich diese als Insel-Kontinente in alle Himmelsrichtungen über den Globus. Eine dieser Erdplatten teilte sich wiederum in zwei Landmassen, von denen eine sich langsam gen Südwesten verschob und zur Insel wurde, dem heutigen Madagaskar. Die andere und größere Hälfte, die indische Platte, wanderte nach Norden, bis die größte aller Kontinentalplatten, die asiatische, sich ihr in den Weg stellte. In der letzten Phase vor dem Zusammenstoß enstand zwischen der indischen und der asiatischen Platte das Thetys Meer.

Dessen Boden wurde dann von den beiden Landmassen nach oben gehoben und bildet heute einen Teil des tibetischen Plateaus. Fossilien und Sedimente, die man in Tibet finden kann, zeugen von dieser ozeanischen Vergangenheit eines Landstrichs, der einst unter dem Meeresspiegel ruhte, bevor er zum höchsten Plateau der Welt, zum »Dach der Welt« wurde. Der Zusammenstoß beider Erdplatten, der vor Jahrmillionen begann, dauert an und beschert dem südlichen Tibet immer wieder Erdbeben und tektonische Aktivitäten. Diese zeigen sich hier nicht in aktivem Vulkanismus wie zum Beispiel im Pazifik, sondern in Form von zahlreichen warmen Quellen und Geysiren wie in Island.

Am südlichen Saum des Hochplateaus, an der Stoßlinie beider Erdplatten, entstand der Himalaya, das höchste Gebirge der Erde und das einzige, welches heute noch wächst. Fast alle Gipfel, die wir aus Berichten von Bersteigern kennen, wie der Mount Everest, Kanchendzonga, Annapurna, Nanda Devi und der Mount Kailash, befinden sich hier, entlang eines Gebirgszuges, der sich in einem Tausende von Kilometern langen Bogen hinzieht, von Afghanistan und Pakistan im Westen bis nach Burma im Osten. Der Himalaya bildet einen Wall, der im Laufe der Zeit viele ökologische Räume schuf, in denen die Evolution vollkommen unterschiedliche Pflanzen- und Tiergattungen hervorbrachte und in denen später menschliche Kulturen entstanden. Doch nördlich dieser Scheide, auf dem Plateau selbst, entwickelte sich das Leben in ebenso großer Vielfalt wie die Zerklüftung der physischen Natur.

Unter dem andauernden Druck der indischen Platte faltete sich die Landschaft Tibets in eine scheinbar unendliche Zahl von Tälern und Talgruppen. Diese Besonderheit hat das Landschaftsbild, die Tier- und Pflanzenwelt und Jahrtausende später auch die menschliche Kultur tief geprägt. Die unterschiedlichen Höhenlagen sind ein weiterer wichtiger Grund für Tibets äußerste Vielfalt. Hier gibt es innerhalb relativ kleiner Räume Wüsten und tropische Urwälder, Sümpfe und Steppen, alpine Wälder und kalte, staubige Mondlandschaf-

← *Die Strecke von Tingri zum Base Camp des Mount Everest, den die Tibeter Chomolungma nennen, wird traditionell mit dem Yak zurückgelegt. Hartgesottene nehmen das Trekkingrad mit und benötigen etwa drei Tage.*

ten, gewaltige Gletscher und große Salzseen. Einige von ihnen werden von Erdgeschichtlern als Überbleibsel des vorgeschichtlichen Thetys Meer bezeichnet. Auch klimatisch ist Tibet ein Land der Extreme. Manche Regionen haben ein wohltemperiertes Klima, das mehrere Ernten im Jahr ermöglicht. In den Steppen, in denen die Nomaden leben, lässt die starke Sonneneinstrahlung die Temperaturen im Sommer bis über 30 Grad klettern, die dann im Winter unter minus 40 Grad fallen. Manche Gebiete im Osten sind jedes Jahr von den sommerlichen Monsunregen Südasiens betroffen. Hier gedeihen Orchideen und Orangen. Im wasserarmen Transhimalaya wachsen kaum Bäume, doch wo immer ein größerer Bach ein Tal in den Stein geschnitten hat, hat das lebensspendende Wasser Oasen entstehen lassen, wo Bauern ihre Felder inmitten von Wiesen und Aprikosenbäumen bestellen. Der Norden des Landes ist weitgehend menschenleer. Hier leben tibetische Antilopen und Wildesel. Menschen aus dem Süden besuchen diese Gebiete im Sommer, um am Ufer von großen Seen Salz zu sammeln, das sie dann in wirtlicheren Regionen verkaufen.

Tingri vor dem Cho Oyu im Morgenlicht

Das tibetische Hochland scheint zudem als Klimaregulator für weite Teile des Kontinents zu fungieren. Kalte Luftmassen gelangen von hier durch die tibetischen Täler in die umliegenden Tieflandregionen und tragen so zu deren Abkühlung bei. Es gilt als unbestritten, dass Tibet das Wasserreservoir weiter Teile Asiens ist. Die Wassermassen, die im Winter als Schnee auf das Plateau fallen, werden in gewaltigen Gletschern gespeichert, die während des Sommers in unzählige Bäche und Flüsse abschmelzen. Sie bilden dann die größten Ströme Süd- und Ostasiens. Allein um den Mount Kailash in Westtibet entstehen der Indus, der Sutlej, der Chenab und der Brahmaputra. Der Brahmaputra fließt von hier aus gen Osten durch Zentraltibet, um den Himalaya über die tiefsten Schluchten der Welt zu durchqueren und sich dann über das indische Tiefland in den Golf von Bengal zu ergießen. In Osttibet entstehen auch die größten Flüsse Chinas und Südostasiens, wie der Gelbe Fluss, der Yangtsekiang, der Mekong und die Salween. Wolken, die über den Ozeanen und dem umliegenden Tiefland entstehen, kühlen über dem Hochland ab, regnen über Tibet nieder und schließen so den Kreislauf.

Himalayahauptkamm bei der Überquerung des Lang Lu Leh Passes in 5200 Metern Höhe auf dem Weg von Tingri zur nepalesischen Grenze.

Der Fluss Kyichu bei Taktse, Zentraltibet

Yakhautboot als Fähre über den Fluss Kyichu bei Lhasa

Die schlechten Straßen- beziehungsweise Pistenverhältnisse im Westen Tibets führen immer wieder dazu, dass Fahrzeuge liegen bleiben oder im Schlamm feststecken.

Chörten bei Dechen in Südosttibet (heutige Provinz Yunnan)

Die Passhöhen werden traditionell mit aufgeschichteten Manisteinen und Gebetsfahnen markiert. Nach tibetischer Vorstellung trägt der Wind die auf den Fahnen gedruckten Gebetstexte in die Welt.

In der Nähe des heutigen Klosters Drira Puk hatte der Mönch Götsang Räpa eine Vision, die ihn zu dem heiligen Mount Kailash führte. Der Umrundungsweg führt vorbei an bizarren Felsen.

Der von hohen Bergketten umgebene türkisfarbene Yamdrock Tso in 4482 Metern Höhe wird wegen seiner Form auch Skorpion-See genannt. Für alle Tibeter ist er ein Symbol für die Lebensenergie des Landes und gilt als heilig.

Der Mount Everest liegt auf der Grenze zwischen Tibet und Nepal. Von Norden her nähert man sich über Kloster Rongbuk dem Berg. Hier ist der Ausgangspunkt für die Besteigung der Nordseite.

Auf dem Weg von Kongpo nach Lhari: Viele der alten Handels- und Versorgungswege sind noch heute nur zu Fuß oder per Pferd passierbar.

Osttibet ist bekannt für seine extrem steilen Täler und einige sechs- bis siebentausend Meter hohen Schneeberge: Tal in Kongpo bei Chukla.

Während der Umrundung des heiligen Mount Kailash trifft man nach der Überquerung des Passes Dolma La auf den See Tuje Chenpo Dzingu, den »Pool of Great Compassion«. Der See ist der höchstgelegene der Welt.

Wie in der Region Lhari, nordöstlich von Lhasa, bilden die Yakherden die Lebensgrundlage der Nomaden. Bis 1965 gab es in Tibet noch riesige Herden von Wildyaks, die während der Kulturrevolution stark dezimiert wurden.

Der »Himmelsee« Nam Tso entstand durch eiszeitliche Ausschürfungen. Der Salzsee wird durch Niederschläge und abschmelzende Gletscher des Nyenchen-Tanglha-Gebirges gespeist, eines Ausläufers der Transhimalaya-Kette.

Vom Großreich zur chinesischen Provinz

Tibets Geschichte

Die Besiedelung Tibets erfolgte wahrscheinlich relativ spät und in verschiedenen Phasen. Das Tibetische gehört zur tibetobirmanischen Sprachfamilie, der größten und vielfältigsten der Welt. Forscher haben herausgefunden, dass die Vorfahren der Tibeter in der späten Steinzeit auf dem Gebiet der heutigen chinesischen Provinz Sichuan lebten. Einige von ihnen wanderten nach Norden und teilten sich in zwei Gruppen. Eine verblieb im nordchinesischen Flachland und schuf die chinesische Sprache. Die andere brach vor etwa 5000 Jahren nach Südwesten auf und gelangte auf das tibetische Plateau, wo sich die tibetische und andere, verwandte Himalayasprachen entwickelten.

Wenig ist über die frühen Tibeter bekannt. Wahrscheinlich lebten sie ein relativ isoliertes Leben auf dem Hochplateau. Doch allen geographischen Widrigkeiten zum Trotz stand Tibet immer in Verbindung mit der Außenwelt, und die angebliche Unpassierbarkeit des Himalaya ist ein Mythos. Archäologische Spuren deuten darauf hin, dass schon relativ früh Handelsbeziehungen mit China, den mongolisch- und turksprachigen Gebieten Zentralasiens und sogar dem persischen Kulturraum bestanden. Nach Süden hin entstanden Verbindungen zum indischen Subkontinent. Die wahrscheinlich wichtigsten Kontaktpunkte nach Süden waren vor allem das Kathmandutal in Nepal und möglicherweise auch Nordwestindien, inbesondere das heutige Uttaranchal. Wahrscheinlich gelangten von hier aus indische Kultureinflüsse

← *Der Legende nach wurde der Yumbulagang vor mehr als 2000 Jahren vom ersten König der Yarlung-Dynastie erbaut. Sein Nachfahre, König Songsten Gampo, einte dann im 7. Jahrhundert vom Yarlungtal aus Tibet und verlegte den Regierungssitz nach Lhasa.*

und insbesondere der Buddhismus zuerst nach Tibet. Tibetische Quellen berichten von einem vorgeschichtlichen Reich im westtibetischen Raum, das als Shangshung bekannt ist und von der wissenschaftlichen Forschung lange als Legende abgetan wurde. Neuere Untersuchungen allerdings deuten darauf hin, dass Shangshung nicht nur eine historische Realität war, sondern möglicherweise sogar eine sehr wichtige Rolle bei der Vermittlung westasiatischer und indischer Kultur nach Tibet spielte. Zwar steckt die Forschung auf diesem Gebiet noch in den Kinderschuhen, doch jedes Jahr bringen Archäologen sowie Historiker und Sprachforscher neue Erkenntnisse an den Tag, welche diese These zu bestätigen scheinen.

Bis zum 7. Jahrhundert blieb Tibet allerdings politisch in unzählige Kleinkönigreiche zersplittert, die meisten von ihnen waren wahrscheinlich nicht größer als ein paar Täler. Dies änderte sich dann abrupt unter dem tibetischen Staatsgründer Songtsen Gampo. Südlich von Lhasa befindet sich das Gebiet Yarlung, ein sandiges Tal, das am südlichen Ufer des Brahmaputra beginnt. Das Tal gab seinen Namen einer königlichen Dynastie, die das Schicksal Tibets verändern sollte – Yarlung. Von hier aus zog König Songtsen Gampo zu Eroberungszügen, die als die Geburtstunde des politischen Tibets gelten. Zwar waren Gebietserwerbungen und vorübergehende kleine Territorialreiche wahrscheinlich schon vorher in allen Teilen des tibetischen Plateaus gang und gäbe. Doch Songtsen Gampos Eroberungszüge besaßen einen Charakter, der in dieser Region der Welt völlig neu war. Statt schneller und kurzfristiger militärischer Aktionen zur Unterwerfung von Nachbargebieten sowie Plünderungen mit anschließendem Rückzug ging Songtsen Gampo systematisch vor und war bemüht, seine Landgewinne durch die Etablierung von Verwaltungsstrukturen langfristig zu sichern. Songtsen Gampo heiratete eine chinesische Tang-Prinzessin namens Wengcheng und eine nepalesische namens Bhrikuti. Beide waren Buddhistinnen, und beide werden von tibetischen Quellen als Überbringerinnen kultureller Errungenschaften ihrer Heimatländer gefeiert, wie beispielsweise der Papierherstellung, des Buchdrucks und der Metallbearbeitung. Songtsen Gampo verlagerte seine Hauptstadt von Yarlung nach Lhasa, einem Ort, der wahrscheinlich bereits eine starke religiöse Anziehungskraft auf weite Teile Tibets ausübte. Er erbaute einen Palast genau an der Stelle, wo heute der Potala des Dalai Lama steht, machte den Buddhismus zur Staatsreligion und lud erste buddhistische Missionare nach Tibet ein.

Nachdem Songsten Gampo Tibet geeint hatte, befand er, dass zur Erhaltung einer dauerhaften Verwaltungsstruktur sowie des Buddhismus in seinem Reich die Schaffung einer tibetischen Schrift unerlässlich wäre. Songtsen Gampo beauftragte seinen Minister Thonmi Sambhota mit dieser Aufgabe. Der Minister reiste nach Indien und arbeitete mit dortigen Gelehrten eine eigene Schrift auf der Basis des indischen Schriftsystems aus.

Es war wahrscheinlich die Mischung aus politischem Geschick, militärischen Fähigkeiten und der Einführung kultureller Errungenschaften, vornehmlich aus China und Indien, die den Fortbestand des Lebenswerks Songtsen Gampos begründete.

Unter Songtsen Gampos Nachfolger wuchs das Reich vor allem in Richtung Zentralasien. Chinesische Garnisonen, die dort einige Außenposten hielten, wurden vertrieben. Mal verbündeten sich tibetische mit arabischen Armeen gegen die Chinesen, mal bekämpften sie einander. Tibet wurde bald zu einer Großmacht; das Reich kontrollierte weite Teile der sagenhaften Seidenstraße. Es reichte vom heutigen Gansu im Osten bis nach Afghanistan und Tadschikistan im Westen. Auf dem Höhepunkt ihrer Macht eroberten die Tibeter mehrfach die Hauptstadt Chinas, das heutige Xian. Der chinesische Tang-Kaiser wurde gefangen genommen und nur gegen ein Lösegeld wieder freigelassen.

Das tibetische Reich bestand immerhin 200 Jahre, dann brach es durch innere politische und religiöse Rivalitäten zusammen, und Tibet war wie vor der Zeit Songtsen Gampos wieder politisch zersplittert. Immerhin, die Großmachtzeit hinterließ dauerhafte kulturelle Spuren. Viele Errungenschaften, wie zum Beispiel die tibetische Medizin und Zeitrechnung, gehen auf diese Epoche zurück. Die Reichszeit hat nicht nur die Idee einer staatlichen Einheit Tibets über Regionen hinweg geschaffen, sondern deren Besonderheiten miteinander verwoben und gleichzeitig den Kulturaustausch mit der Außenwelt ermöglicht. Und so ist heute vieles, was wir als »typisch« tibetisch empfinden, in Wahrheit das Ergebnis eines intensiven Verschmelzungsprozesses, für den das Großreich die äußeren Bedingungen schuf.

Erst zu Beginn des 13. Jahrhunderts entstand wieder eine Großmacht in Zentralasien, das Mongolenreich. 1206–1207 soll Djschingis Khan vor den Toren Tibets gestanden haben. Um kriegerische Auseinandersetzungen, die sie nur hätten verlieren können, zu vermeiden, sammelten sich verschiedene tibetische Regionalfürsten und unterwarfen sich ihnen. So wurde Tibet kampflos in das entstehende mongolische Weltreich eingegliedert. Die Mongolen zogen weiter und eroberten China. 1271 bestieg Khubilai, der Enkel von Djschingis Khan, den chinesischen Kaiserthron.

Mittlerweile versuchten tibetische Geistliche, die Mongolen zum Buddhismus zu bekehren, und dies mit beachtlichem Erfolg. Khubilai Khan gewährte Tibet einen Sonderstatus innerhalb seines Reiches. Das Land wurde politisch wieder geeint und dem Mönch Phagpa, dem Führer einer der buddhistischen Schulen Tibets, unterstellt. Phagpa und Khubilai begründeten damit eine Tradition, die die weitere Geschichte Tibets prägen sollte. Danach regierte ein Geistlicher das Land, seine weltliche Macht aber beruhte auf einer Allianz mit einem fremden, militärisch starken weltlichen Herrscher, für den der tibetische Geistliche religiöse Dienste verrichtete. Sei es in der Form von Ritualen, oder, wie in dem Falle Phagpas, indem er die Rolle eines spirituellen Beraters übernahm.

Als dann etwa 1368 die mongolische Herrschaft zerbrach, stritten sich erneut viele tibetische Lokalfürsten um die

Am Chakpo-Ri, dem »Eisenberg«, liegt das Kloster Dralalubuk, mit einer Meditationsgrotte des Königs Songtsen Gampo. Gegenüber, auf dem Marpo-Ri, dem »Roten Berg«, errichtete der König einen Palast, der später durch den Potala ersetzt wurde.

Macht, doch vermochte keiner das Land zu einigen. Manche versuchten am chinesischen Kaiserhof, wo inzwischen die chinesische Ming-Dynastie herrschte, an die alten Bande, die einst Phagpa und Khubilai geeint hatten, wieder anzuknüpfen, hatten damit jedoch keinen dauerhaften Erfolg. Einerseits empfanden die Chinesen nicht dieselbe Liebe für Tibet und den tibetischen Buddhismus wie die Mongolen. Andererseits war die chinesische Kriegskunst der mongolischen weit unterlegen. Militärische Expeditionen nach Tibet scheiterten oder wurden erst gar nicht mehr gewagt.

Nach wie vor reisten viele tibetische Geistliche zu verschiedenen mongolischen Stämmen und bekehrten sie zum tibetischen Buddhismus. Einer von ihnen, Sonam Gyatso, der Führer der reformierten buddhistischen Schule, die als »Gelugpa« (Schule der Tugendhaften) bekannt ist, kam 1578 zum mächtigen mongolischen Fürsten Altan Khan. Er erhielt von ihm den Titel eines Dalai Lama. »Dalai« ist ein mongolisches Wort und bedeutet »Ozean«. Somit ist die Weisheit eines Dalai Lama so groß wie der Ozean. Von nun an trugen alle Oberhäupter der Gelugpa-Schule diesen Titel.

Mitte des 17. Jahhunderts gelang es dem fünften Dalai Lama mit Hilfe des mongolischen Fürsten Gushri Khan, ganz Tibet wieder zu einen. Wie einst Songtsen Gampo etablierte er eine neuartige Verwaltungsstruktur, die Tibet bis zur Mitte des 20. Jahrhunderts beibehielt.

Inzwischen aber war eine neue Macht in Ost- und Zentralasien entstanden, die Manjus. Die Manjus stammten aus dem Gebiet zwischen Nordchina und Sibirien. Wie die Mongolen waren sie ursprünglich ein Nomadenvolk, und ihre Kultur ähnelte auch sonst in vielerlei Hinsicht der der Mongolen. Nachdem sie China militärisch unterworfen hatten, übernahmen sie den chinesischen Kaiserthron. Wie die Mongolen waren auch die Manjus Anhänger des tibetischen Buddhismus, und der fünfte Dalai Lama erkannte darin die Chance, über die Religion einen Bund mit der neuen Großmacht zu schließen. Er reiste nach Peking und unterstellte Tibet dem Manjurischen Kaiserreich. Obwohl diese Geste zunächst nur symbolisch war und die dauerhafte Sicherung seiner Macht zum Ziel hatte, sollte sie doch nach seinem Tod das politische Schicksal Tibets entscheidend beeinflussen.

Nach dem fünften Dalai Lama geriet aufgrund starker lokaler Eigenständigkeiten die staatliche Einheit Tibets immer wieder in Gefahr. Provinzfürsten, adelige Geschlechter und die Oberhäupter verschiedener buddhistischer Schulen versuchten das Land unter ihre Kontrolle zu bringen, oder aber sich davon abzuspalten. Mehrfach intervenierten daher manjurische Truppen, um den Frieden zu bewahren. So geriet Tibet immer stärker in Abhängigkeit zum manjurischen Kaiserreich und wurde zu einer Art Protektorat. Die Dalai Lamas, obwohl theoretisch nach wie vor Tibets oberste Herrscher, wurden immer mehr von der tatsächlichen Machtausübung verdrängt. Vom neunten Dalai Lama an starben alle – meist als Opfer von Giftanschlägen – noch bevor sie volljährig wurden.

Mit der Zeit geriet das manjurische Kaiserreich in einen Zustand der Stagnation und schottete sich immer mehr von der Außenwelt ab. Auch Tibet wurde in diese Abgeschiedenheit hineingezogen. In Europa war im frühen 19. Jahrhundert Tibet als »verbotenes Land« bekannt, denn während Inder, Nepalis, Mongolen und andere Nachbarvölker noch in Tibet Handel trieben oder auf Pilgerfahrt waren, blieb den gefürchteten Europäern der Zutritt auf das »Dach der Welt« strikt verwehrt.

Erst der 13. Dalai Lama Thubten Gyatso (1876–1933) wurde nicht vor der Zeit beseitigt und erwies sich bald nach seiner Inthronisierung als geschickter und machtbewusster Politiker. Er verstand es, seinen Handlungsspielraum auszunutzen, und führte sein Land Schritt für Schritt in die Unabhängigkeit zurück. Als 1904 eine britische Militärexpedition die Wiederöffnung der Grenzen erzwang, flüchtete er zwar zunächst in die Mongolei und dann nach China. Nachdem er aber wieder in Lhasa war, wollte er sich die gefürchteten Europäer für die Eigenständigkeit Tibets zunutze machen. Als 1912 das manjurische Kaiserreich zusammenbrach, erklärte der 13. Dalai Lama Tibet für unabhängig.

Zwischen 1913 und seinem Tod 1933 versuchte der Dalai Lama Tibet zu modernisieren. Doch gelang ihm das nur mit sehr mäßigem Erfolg. Nach innen hatte er mit starken Widerständen zu kämpfen. Insbesondere die großen Klöster seiner eigenen Gelugpa-Schule erwiesen sich als Nester des Widerstands gegen technische und politische Neuerungen. Zu sehr fürchteten sie, die weitgehende Kontrolle, die sie über das Land ausübten, zu verlieren. Zudem erhob das neue republikanische China, das sich als Rechtsnachfolger des Manjurischen Kaiserreiches sah, Anspruch auf Tibet. Im Osten des Landes fanden militärische Auseinandersetzungen statt, die zwar Tibets Unabhängigkeit noch nicht gefährdeten, aber den politischen Handlungsspielraum des Dalai Lama stark einschränkten. Erst der Ausbruch des sino-japanischen Kriegs minderte den militärischen Druck auf Tibet. Weite Teile des Landes im Osten und Nordosten blieben allerdings unter chinesischer Verwaltung.

Auch der gegenwärtige 14. Dalai Lama wurde 1935 in einem Gebiet im Nordosten Tibets geboren, das einem chinesisch-muslimischen Kriegsherrn unterstellt war.

Innerhalb weniger Jahre nach dem Ende des Zweiten Weltkriegs änderte sich die politische Landschaft Asiens nachhaltig. 1947 wurde Indien unabhängig, und die Briten, die bis dahin Tibet mit Waffenlieferungen geholfen hatten, verloren gänzlich das Interesse an dem Land. 1949 endete der chinesische Bürgerkrieg mit dem Sieg der Kommunisten und der Ausrufung der Volksrepublik China. Schon 1950 und 1951 marschierten erneut chinesische Truppen in Tibet ein. Der junge Dalai Lama flüchtete in das Grenzgebiet zu Indien, doch er blieb in der Hoffnung auf eine Einigung zunächst in Tibet. Die einzig realistische Lösung jedoch war die Unterzeichnung eines Vertrags, der die tibetische Selbständigkeit beendete und das Land zu einem Teil der Volksrepublik China machte.

Dieser Vertrag sicherte Tibet eine relativ weitgehende Autonomie zu, und in den ersten Jahren etablierte sich in Tibet eine relativ gute Zusammenarbeit zwischen Tibetern und Chinesen. Doch spätestens Mitte der Fünfzigerjahre verursachten radikale Reformen durch die Kommunistische Partei erste Unruhen in Osttibet, zwischen 1956 und 1959 gab es Aufstände im ganzen Land. Der Dalai Lama flüchtete nach Indien, wo er heute noch im Exil lebt. In Tibet begann eine Phase der Repression, in deren Verlauf viele Menschen starben und viele Kulturgüter unwiderruflich zerstört wurden.

In den frühen Achtzigerjahren dann, nach dem Ende der Kulturrevolution, wurde die Religionsausübung wieder erlaubt. Viele der zerstörten Klöster baute man wieder auf, Tibet wurde zu einem beliebten Ziel für den internationalen Tourismus. Zwischen dem Dalai Lama und der chinesischen Regierung gab es erste erneute Kontakte. Doch nach anhaltenden politischen Unruhen in Lhasa wurde 1989 in der Tibetischen Autonomen Region das Kriegsrecht verhängt; erst nach 1993 wurde Tibet für den Tourismus wieder geöffnet. Seit dem Ende der Neunzigerjahre bemüht man sich, die wirtschaftliche Entwicklung des Landes voranzutreiben. Doch wenn sich auch das Gesicht Lhasas und einiger anderer tibetischer Städte mehr und mehr wandelt, bewahren die ländlichen Gebiete, in denen die meisten Tibeter leben, ihren ursprünglichen Charakter und sind noch immer sehr arm. In jüngster Zeit gibt es wieder Gespräche zwischen dem Dalai Lama und den chinesischen Autoritäten.

Gebetsmühlen im Ramoche-Tempel in Lhasa

Ein großer Tangka wird im Hof des Weißen Palastes im Potala, der Winterresidenz des Dalai Lama, repariert.

Der Potala, zu Lebzeiten des 5. Dalai Lama begonnen und 1694 n. Chr. fertig gestellt, ist nach dem Paradies des Bodhisatva Avalokiteshvara benannt, dessen Inkarnation auf Erden der Dalai Lama ist.

In den 13 Stockwerken des Potala, der traditionellen Winterresidenz des Dalai Lama, sollen sich 1000 Räume befinden. Das Gebäude war nicht nur Regierungssitz, sondern beherbergte auch ein Kloster.

Im Roten Palast, dem Herzstück der Anlage, befinden sich die Grabchörten der Dalai Lamas und die große Versammlungshalle.

Auf dem eigentlichen Dach der Palastanlage des Potala befinden sich die ehemaligen Gemächer des Dalai Lama mit vergoldeten Dächern.

Der Jokhang oder Sulakhang ist der älteste und heiligste Tempel der Stadt Lhasa. Möglicherweise reichen seine Wurzeln bis ins Jahr 647 zurück.

Die Festung Yumbulagang, das älteste Gebäude Tibets, wurde während der Kulturrevolution zerstört und 1982 neu errichtet. In ihrem Inneren befinden sich zwei Kapellen. Eine ist den tibetischen Königen gewidmet, die andere dem Bodhisatva Chenresi.

Um Samye, das älteste Kloster Tibets, zu erreichen, überquert man den Yarlung Tsangpo auf einfachen Holzfähren. Die Überfahrt über den Strom mit seinen zahlreichen Sandbänken dauert etwa zwei Stunden.

In der üppigen Vegetation der östlichen Region Kongpo liegt der malerische Draksum Tso. Die Legende sagt, dass die Seele des mythischen Königs Gesar, des Helden des tibetischen Nationalepos, in diesem See wohnt. ➜

Berglandschaft mit Ruinen vergangener Jahrhunderte auf der Hochebene nahe Gurtso bei Tingri

Der Yangtse bildet mit seinen tiefen Schluchten heute den Grenzfluss der autonomen Region Tibet.

Das Yarlungtal gilt als die Wiege Tibets. Vor über 2000 Jahren schlossen sich hier die ersten Clans zusammen, die Tibet bis zum 8. Jahrhundert zur Großmacht werden ließen.

Das Kloster Kumbum Jampaling bei Xinning im heutigen Qinghai gehört zu den großen Touristenattraktionen auch für chinesische Reisegruppen.

Chörten des Klosters Kumbum Jampaling. 1650 von Rinchen Tsondru Gyeltsen gegründet, gehört Kumbum zu den sechs wichtigsten Klöstern Tibets und erinnert an die Geburt Tsongkhapas 1379.

Wo der Dalai Lama zu Hause ist

Religion in Tibet

Vieles lässt sich aus der Beobachtung der heutigen Volksreligion über die vorbuddhistische Religion Tibets ableiten. Als der Buddhismus nach Tibet kam, verdrängte er die im Volk verankerte religiöse Praxis nicht. Statt dessen bemühten sich buddhistische Missionare, diese zu »buddhisieren«. Nur Kulte, die dem Buddhismus völlig widersprachen, wie insbesondere Tier- und – angeblich auch – Menschenopfer, wurden verdrängt. In einigen besonders abgelegenen Gebieten allerdings gab es, trotz des allgegenwärtigen Einflusses der buddhistischen Klöster, noch bis vor wenigen Jahrzehnten Tieropfer.

Auch in der tibetischen Volksreligion lebte jene starke Bindung zur Natur, die die tibetische Kultur durchdringt. Jedes Tal hat seine eigenen Götter, »Herren des Orts« genannt, die meisten sind Schutzgötter. Sie werden als die eigentlichen Besitzer von Fluren und Bergen verehrt. Tibetische volksreligiöse Vorstellungen spiegeln die Lebenswelt von Bauern und Nomaden, deren Sorgen und Hoffnungen wider. Durch ihre »Kraft« sorgen die lokalen Götter dafür, dass die Felder Früchte tragen und die Tiere Nachkommen haben, so dass die Menschen ein sorgenfreies Leben führen können. Allerdings sind die tibetischen Ortsgötter an sich keineswegs wohlwollende Wesen. Vielmehr sind sie Träger einer »Kraft«, die sich im Guten wie im Schlechten entfalten kann. So wie sie Unwetter und Dürre verursachen können, geben sie den Menschen des Tals Schutz vor Feinden, oder eben nicht. Um von ihrer »Kraft« zu profitieren, müssen die Menschen die Götter besänftigen, ihnen Opfer bringen, bestimmte Rituale einhalten und spezielle Verhaltensregeln beachten. Werden dabei Fehler gemacht, müssen die Menschen fürchten, dass sich die Macht der Götter gegen sie wendet. Krankheiten, Unfälle oder Missernten können die Folge sein.

← Nur zu besonderen Anlässen, wie dem jährlichen Shodön (Yoghurtfest), wird der große Tangka von Sera für wenige Stunden entrollt. Tausende Gläubige pilgern in diesen Tagen nach Sera, um das überdimensionale Rollbild aus Stoff zu bewundern.

Der Buddhismus verdrängte also diese alten Götter nicht, sondern wies ihnen einen neuen Platz zu. Nach der Volksmeinung bezwangen buddhistische Missionare die alten Götter und machten sie zu Beschützern der buddhistischen Lehre. Viele, die überregionale Bedeutung hatten, wurden in ein umfangreiches Pantheon aufgenommen und fast allesamt zu Erscheinungsformen buddhistischer Gottheiten meist indischer Herkunft erkärt. Einige von ihnen nahmen gar eine zentrale Rolle als Staatsgottheit ein. Die Furcht erregende Palden Lhamo zum Beispiel gilt als die oberste Beschützerin des Schneelandes. Ihr Abbild wird im Jokhang, dem zentralen Tempel von Lhasa, aufbewahrt. Jedes Jahr nach dem Neujahrsfest ist ihr ein spezieller Kult gewidmet, an dem traditionell Hunderte von buddhistischen Mönchen teilnehmen. Eine andere Staatsgottheit ist Pekar. Sein Kult wird im Nechung-Tempel, nahe dem riesigen Kloster Drepung bei Lhasa gepflegt. Man glaubt dort, dass Pekar vom Körper des Staatsorakels Besitz ergreift und es so zu Weissagungen befähigt. Das Staatsorakel wurde im alten Tibet zu jedem wichtigen Anlass befragt. Seine Antworten wurden niedergeschrieben und fast wie weltliche Gesetzte geachtet.

Der Buddhismus ließ unzählige Klöster in Tibet entstehen. Es gab kaum ein Dorf, das nicht sein eigenes Kloster hatte. Die meisten von ihnen wurden in den frühen Sechzigerjahren zerstört und die Götterbilder eingeschmolzen. Doch als in den Achtzigerjahren die Religionsausübung wieder erlaubt war, bauten die Menschen ihre Klöster neu. Viele Götterbilder, die man während der großen Zerstörungen in der Erde versteckt hatte, wurden ausgegraben und in den wieder aufgebauten Klöstern aufgestellt.

Während die meisten Klöster bescheidenere Ausmaße haben, besitzen alle wichtigen Täler auch gewaltige Häuser, teilweise große Städte, in denen oft mehrere hundert Mönche leben. Die bekanntesten sind die drei großen Gemeinschaften um Lhasa: Drepung, Sera und Ganden. Das größte von ihnen, Drepung, beherbergte etwa 7000 Mönche. Es gibt drei weitere Großklöster: Tashi Lhunpo in Shigatse ist das Stammhaus des Panchen Lama, des zweithöchsten Geistlichen Tibets nach dem Dalai Lama. Die zwei anderen, Kumbum und Labrang, befinden sich im äußersten Nordosten des Landes, in der tibetischen Provinz Amdo, die etwa der heutigen chinesischen Provinz Qinghai entspricht.

Zwei verschiedene buddhistische Richtungen kamen nach Tibet: die aus China war verwandt mit dem Chan- oder Zen-Buddhismus, die zweite Variante stammte aus Indien und ist als tantrischer Buddhismus bekannt. Tibetischen Geschichtsbüchern zufolge ist es letztere, die in Tibet heimisch wurde. Die Realität ist jedoch vielschichtiger. Wenn es auch keinen Zweifel daran gibt, dass der tantrische Buddhismus heute die vorherrschende Form dieser Religion in Tibet ist, so lebt auch die andere Variante weiter in den Lehren vieler Klöster und in unzähligen Einsiedeleien. Darüber hinaus haben die Tibeter die aus Indien, China und Zentralasien (Seidenstraße) stammenden Formen des Buddhismus nicht nur angenommen, sondern sie oft auch weiterentwickelt. Über seine mehr als tausendjährige Geschichte hat der tibetische Buddhismus von Generation zu Generation immer wieder neue Lehren, Rituale und Meditationstechniken geschaffen.

An seiner geringen Bevölkerungszahl gemessen hat das Land eine unglaublich umfangreiche Literatur hervorgebracht. Ein wesentlicher Impuls für die Herausbildung einer Literatursprache war die Übersetzung der buddhistischen Lehrschriften im 9. Jahrhundert. Diese sind in zwei Sammelwerken zusammengefasst: dem Kanjur in 108 Bänden, der den eigentlichen Kanon darstellt, und dem noch umfangreicheren Tanjur, das eine Sammlung von Kommentaren zu diesen Schriften beinhaltet. Dank ihrer Übersetzungen konnten die Tibeter viele in Indien längst verschollene buddhistische Schriften für die Nachwelt erhalten. Daneben wurden aber auch viele einheimische Werke verfasst, deren größten Anteil wiederum religiöse Schriften ausmachen. Dennoch gibt es auch eine wenig beachtete weltliche Literatur, deren Bedeutung stark gestiegen ist.

Zum Druck traditioneller tibetischer Bücher wird jede Seite spiegelverkehrt in einen hölzernen Druckstock geschnitten. Dieser wird dann mit Tinte bestrichen, bevor man das leere Blatt darauf legt und bedruckt. Der Vorgang wird für jede Seite wiederholt. Schließlich legt man die losen Blätter ohne Bindung zwischen zwei Holzdeckel und hüllt das fertige Buch in Tücher ein. Für religiöse Werke wird dieses aufwändige Verfahren nach wie vor angewandt.

Es haben sich im tibetischen Buddhismus vier Hauptschulen entwickelt. Die erste ist als Nyingmapa-Schule bekannt, was »Schule der Alten« bedeutet. Sie verfügt über besonders ausgeprägte Rituale und hat im Laufe ihrer Geschichte fast alle Askeseübungen eingeführt, die auch in den anderen Schulen praktiziert werden. Nach der Nyingmapa-Schule entstanden die Sakyapa- und die Kagyupa-Schule. Während erstere vor allem für die besonders große Gelehrsamkeit ihrer Mönche gerühmt wird, zeichnet sich letztere besonders durch ihren Reichtum an Meditationstechniken aus. Einer der Gründer dieser Schule, Milarepa, legte nie die Ordenstracht an und wohnte zeitlebens in Höhlen in Westtibet, um sich ganz der Meditation zu widmen. Die jüngste Schule ist als Gelugpa bekannt. Wie bei der Sakyapa legt die Gelugpa besonders viel Gewicht auf die Gelehrsamkeit. Gelugpa-Mönche verbringen oft ihr gesamtes Leben mit Studien. Die Gelugpa-Schule ist gleichzeitig die politisch und zahlenmäßig einflussreichste Schule des tibetischen Buddhismus. Der Dalai Lama und der Panchen Lama gehören ihr beide an.

Die Bonpo-Schule soll aus einer »Bon« genannten vorbuddhistischen tibetischen Religion hervorgegangen sein. Bonpo verstehen sich weder selbst als Buddhisten, noch werden sie von den anderen Schulen als Buddhisten betrachtet. In der Praxis allerdings unterscheiden sich Bonpos und Buddhisten kaum. Sie besitzen zwar eine eigene Literatur, ihre religiöse Praxis ist allerdings beinahe gleich.

Alle Schulen haben verschiedene Zweige entwickelt und diese wiederum Unterzweige, wobei es auch stark ausgeprägte regionale Tendenzen innerhalb derselben Schulen gibt. Ferner bestehen innerhalb der vier buddhistischen Schulen verschiedene Netzwerke von Klöstern, die im Laufe der Jahrhunderte eine starke Eigenständigkeit entwickelt haben. In der Praxis sind Überlieferungslinien von Lehrer zu Schüler fast so wichtig wie das Selbstverständnis der einzelnen Schulen. Außerdem bestehen Querverbindungen zwischen den Schulen und deren Zweigen, die selbst für tibetische Buddhisten oft undurchsichtig sind. Das einfache Volk kennt zwar im Prinzip die verschiedenen Schulen, deren Unterschiede sind ihm allerdings oft unklar. Dennoch begegnet man allen Schulen, Klöstern und Mönchen mit tiefem Respekt und noch immer gilt das Sprichwort: Jedes Tal seine Tracht, jeder Lama seine Lehre.

Nonnenkloster Terdom

Mönche bei einer Puja während des Saga-Dawa-Festes im Jokhang-Tempel in Lhasa

Drepung, ehemals größtes Kloster der Welt, beherbergt heute nur wenige Mönche. Ihre Unterkünfte haben traditionelle tibetische Türvorhänge, auf denen buddhistische Symbole abgebildet sind. Hier der »Knoten der Ewigkeit«. →

Alle zwölf Jahre im Wasser-Schaf-Jahr wird der Namtso während des Festes zur Geburt Buddhas, Saga Dawa, zum Pilgerziel. In einer Kora umrundet man den See oder auch die Halbinsel um Tashi Dor.

Im tibetischen Buddhismus werden viele Zeremonien von einem Mönchsorchester begleitet. Auch auf dem Shodön-Fest im Kloster Ganden werden traditionelle Instrumente wie die Trommel (Nga) und das Becken (Rölmo) eingesetzt.

Im Kloster Meru Nyingba gibt es eine Besonderheit. Während die Pilger sonst immer im Uhrzeigersinn die heiligen Stätten umwandern, ist dies hier aus baulichen Gründen nicht möglich, und so wird der Rückweg gegen den Uhrzeigersinn beschritten.

Im großen Kumbum von Gyantse befindet sich eine herrlich ornamentierte sitzende Statue des Buddha Shakyamuni, einer Darstellung des historischen Buddha Siddharta Gautama, der um 600 v. Chr. in Nordindien lebte.

Pilger am Kloster Meru Nyingba in Lhasa

Der Chörten ist ein freistehendes Monument, das Reliquien enthält oder heilige Stätten markiert. Er symbolisiert die buddhistische Lehre und ist überall in Tibet zu finden. Von den Gläubigen werden die Chörten im Uhrzeigersinn umrundet.

Gebetsfahnen über dem Tal Chukla in Kongpo, Osttibet ➜

Während einer Puja werden von den Mönchen Dörge (Vajras) gehalten.

Mönchsorchester während des Cham-Festes im Kloster Tsuphu, Zentraltibet

Puja im Jokhang, Lhasa

Prozession nach der Tangkahängung während des Cham-Festes im Kloster Tsurphu, 70 Kilometer nördlich von Lhasa.

Der Yumbulagang, ursprünglich als Festung errichtet, hat auch religiöse Bedeutung und wird heute von Mönchen bewohnt. Der Chörten symbolisiert die Präsenz des Buddha.

In den Bergen hinter den großen und bedeutenden Kloster Sera in der Nähe von Lhasa befinden sich zahlreiche kleinere Gompas (Klöster). Die Gompa Chöding Khang liegt an dem Pilgerweg von Sera zu der Einsiedelei Tashi Chöling. →

Das Nonnenkloster Terdom liegt an einem steilen Berghang in der Nähe heißer Quellen.

Morgendliches Gebet während der Umrundung (Kora) bei Kloster Labrang Tashi Khyil, Osttibet, heutige Provinz Gansu

Butterlampen als Opfergabe im Jokhang-Tempel, Lhasa

Die Gompa Ani Tsankhung ist eines von drei Nonnenklöstern in Lhasa. Im heutigen Tibet spielen Nonnen eine wichtige Rolle bei der Erhaltung der religiösen Tradition. Es gibt auch weibliche Inkarnationen. ➜

Im Vorhof des ältesten Tempels Lhasas, des Jokhang, werden Butterlampenopfer dargebracht.

Hunderte Gebetsmühlen bilden die Außengrenze der Klosteranlage Labrang Tashi Khyil, Osttibet, heutige Provinz Gansu →

Das Kloster Sungtseling bei Gyeltang

Das Kloster Drirapuk, gelegen an der Kora um den Mount Kailash

Das Kloster Reting 100 Kilometer nördlich von Lhasa ist bekannt für seinen bis zu 500 Jahre alten Wacholderwald am Fuß des Mount Gangri Rarwa.

← Mönche im Kloster Sera bei Lhasa

Jeder Mönch im Kloster beteiligt sich auch an dessen Reinigung, Kloster Sungtseling, Osttibet

Gompa in der Stadt Gyeltangteng in Osttibet, heutiges Yunnan

Klöster, Yaks und Buttertee

Leben in Tibet

Lhasa, die Haupstadt Tibets, war bis 1959 ein ausgesprochen kosmopolitischer Ort. Vor allem der rege Handel mit Indien, China und Zentralasien führte dazu, dass sich Menschen aus diesen Ländern und Regionen hier niederließen. Sie waren in der Mehrheit Muslime, wie Uighuren aus dem heutigen Xinjiang oder Inder aus den großen Handelszentren Nordindiens. Zwei muslimische Gruppen, die so genannten Lhasa Kache und die Hopaling, spielten eine besonders wichtige Rolle, und sie haben auch die zwei Hauptmoscheen von Lhasa am südöstlichen Rand der Stadt erbaut. Die Lhasa Kache waren Nachkommen von muslimischen Männern aus Ladakh, die hier nicht selten Buddhistinnen heirateten. Sie hielten Kontakt zu ihren Verwandten in Ladakh oder im indischen Kalimpong, am Ende der Handelsstraße nach Süden.

Die Hopaling waren Nachkommen chinesischer Muslime (Hui) aus der heutigen Provinz Gansu. Im Gegensatz zu den Lhasa Kache hielten nur noch wenige von ihnen mit ihren Ursprungsgebieten Verbindung. Obwohl sie ihre Religion beibehielten, passten sie sich doch kulturell stark an das tibetische Umfeld an. Ihren Lebensunterhalt bestritten sie als Händler, einige waren Handwerker, deren Arbeit in vielen Regionen Tibets sehr geschätzt wurde. Schließlich arbeiteten viele als Schlächter und Fleischer. Bis 1951 gab es in Zentraltibet keine Chinesen. Nur am östlichen und nordöstlichen Rand des »Schneelandes«, in den Kham und Amdo genannten Gebieten, hatten sich im 19. und 20. Jahrhundert einige chinesische Bauern niedergelassen.

Neben dem Handel verlieh vor allem die Religion der Stadt Lhasa ihre kuturelle Vielfalt. Pilger aus ganz Tibet, aber auch aus der Mongolei und der Mandschurei prägten das Stadtbild, besonders während der wichtigen religiösen Feiern zu Beginn des tibetischen Jahres.

Seit die Religionsausübung wieder erlaubt ist, kommen von neuem Tausende Tibeter nach Lhasa, besonders um den Jokhang, den heiligsten Tempel Tibets im Herzen der Altstadt, zu besuchen. Das Stadtbild hat sich allerdings in den letzten zwanzig Jahren stark verändert. Heute machen eingewanderte Chinesen die Mehrheit der Bevölkerung aus, vor allem in den Neubauvierteln, die sich kaum von einer beliebigen Stadt mittlerer Größe in China unterscheiden. Die Tibeter konzentrieren sich vor allem in der dicht bebauten Altstadt. Die drittgrößte ethnische Gruppe in Lhasa bilden die chinesischen Muslime. Die meisten von ihnen kamen in den letzten drei Jahrzehnten aus der armen Provinz Gansu. Sie haben in wenigen Jahren die tibetisierten Hopalings aufgesogen.

In den ländlichen Gebieten stellen Tibeter nach wie vor die Mehrheit der Bevölkerung. Die meisten von ihnen sind Bauern, aber es gibt nach wie vor eine beachtliche Anzahl von Nomaden.

Die Gebiete der tibetischen Nomaden zählen zu den unwirtlichsten menschlichen Lebensräumen überhaupt. Während im Winter Temperaturen von weit unter minus 40 Grad das von eisigen Winden gepeitschte Hochland heimsuchen, steigt im Sommer das Thermometer täglich über die 30-Grad-Marke. An den vielen Sonnentagen ist die höhenbedingte UV-Einstrahlung außerordentlich hoch. Die aus solidem, jedoch grobem und weitmaschigem Yakwollstoff gewebten Zelte, die viele Nomaden heute noch benutzen, isolieren wegen ihrer Wind- und Regendurchlässigkeit nur sehr bedingt. Traditionell werden sie im Kreis aufgestellt. Die Nomaden durchziehen vor allem die Hochlandalmen, die wegen der Armut des Bodens, des harschen Klimas und der Höhe landwirtschaftlich nicht nutzbar sind. Sie bevölkern aber auch das

Grasland in der nordöstlichen Provinz Amdo (die heutige chinesische Provinz Qinghai).

Nach 1959 wurden zwar fast alle Nomaden zur Sesshaftigkeit gezwungen, Anfang der Achtzigerjahre kehrten jedoch die meisten von ihnen zur ihrer traditionellen Lebensweise zurück. In jüngster Zeit ist – teils freiwillig, teils unter gewissem Druck der Behörden – der Trend zur Sesshaftigkeit wieder spürbar.

In der alten tibetischen Gesellschaft waren die Nomaden freie Menschen. Ihr Lebensstil galt als hart und genoss dennoch hohes Ansehen. Allerdings hatte ihr Leben wenig von Zigeunerromantik. So waren sie beispielsweise immer dringend auf den Handel mit Bauern und Städtern angewiesen, um lebensnotwendige Güter zu erwerben. In manchen Gebieten mussten sie gar ihre Tiere auf privaten Ländereien grasen lassen und hatten dann Steuern an den jeweiligen Landsherrn zu entrichten. Auch zogen sie nicht willkürlich über das Hochplateau, sondern wanderten im Rhythmus der Jahreszeiten meist nach einem genau festgelegten Zeitplan zwischen geeigneten Lagerplätzen. Schließlich war ihr Leben nie ungefährlich: Noch heute raffen schwere Schneestürme auf dem Hochplateau immer wieder Menschen und Herden dahin.

Die alte tibetische Gesellschaft war in drei Stände gegliedert. An der Spitze der Hierarchie stand der Klerus, dessen Vorrang sich auch in den politischen Strukturen des Landes widerspiegelte. Der Adel war in das politische Leben zwar ebenfalls eingebunden, jedoch deutlich untergeordnet. Das Volk schließlich unterteilte sich in drei Hauptklassen: die landbesitzenden Bauern, welche Steuer an die Regierung abführten, die Pächter, die die Ländereien von Klöstern und Adel bebauten und diesen steuerpflichtig waren, und schließlich die landlosen Bauern, die ihren Lebensunterhalt meist als Tagelöhner verdienten. Obwohl sie ähnlich wie im europäischen Mittelalter an das Land gebunden waren, das sie bewirtschafteten, galt der Status der Pächter als besonders vorteilhaft, weil sie nicht völlig auf sich gestellt waren. Während der Adel im heutigen Tibet keine Rolle mehr spielt, ist der Klerus nach wie vor ein wichtiger Bestandsteil der Gesellschaft, wenn er auch seinen politischen Einfluss völlig eingebüßt hat.

Die gesellschaftliche Stellung der Frau ist in Tibet traditionell stark, vor allem im Vergleich zu China oder Indien. Dennoch galt – zum Teil bis heute – in Tibet die Geburt eines Jungen als wünschenswerter als die eines Mädchens. Nach traditionellem Verständnis ist die tibetische Frau zuständig für Haus und Familie, während der Mann diese nach außen vertritt. Die Arbeitsteilung zwischen Mann und Frau ist – bis auf einige volksreligiöse Tabus – recht flexibel. Eine besondere Eheform, die Polyandrie, bei der eine Frau mehrere Männer heiratet und dadurch im Haushalt eine besonders starke Stellung erhält, war früher recht weit verbreitet. Diese Eheform ist inzwischen offiziell verboten, doch scheint sie in manchen ländlichen Gebieten wieder auf dem Vormarsch zu sein.

Trotz vieler Veränderungen bestimmen noch immer Traditionen den Alltag und das Leben der Tibeter. Für den größten Teil der Bevölkerung ist die Religion nach wie vor fester Bestandsteil des Daseins. Der Tag beginnt mit Rauchopfern, unzählige Gebetsfahnen flattern an den Häusern – mitunter auch an Autos und Telefonmasten. Der Alltag spielt sich weitgehend in Gruppen ab, sei es die Familie, in deren Mitte fast alle wichtigen Entscheidungen getroffen werden, sei es die Berufsgruppe oder Altersklasse. Ob bei Schulabschluss, Hochzeit, Geburt oder Tod: Rituale begleiten das ganze Leben, von denen viele uns fremd vorkommen. So ist beispielsweise in Zentraltibet die »Himmelsbestattung«, bei der die Leiche des Verstorbenen zerlegt und an Geier verfüttert wird, noch immer üblich.

Wenn auch Traditionen nach der Kulturrevolution wieder gepflegt werden, haben tief greifende Veränderungen auch vor Tibet nicht Halt gemacht. Das Fernsehen beispielsweise gehört bereits seit Jahren zum unverzichtbaren Bestandteil eines wohlhabenden Haushalts. Mit der Eingliederung Tibets nach China sind auch von dort einige Neuerungen gekommen. Eine der markantesten ist das Billardspiel, das vor zweieinhalb Jahrzehnten noch völlig unbekannt war und heute eine Art »Nationalspiel« ist. Aber trotz dieser Anleihen bleiben die kulturellen Unterschiede zwischen Tibetern und Chinesen unübersehbar.

Die Tibeter sind bekannt für ihre große Leidenschaft zu feiern. Im Jahreslauf finden zahlreiche meist religiöse Feste statt, an denen jeder im Land teilnimmt. Zudem gibt es viele lokale und private Festivitäten. Dann versammeln sich die Menschen unter Zelten oder unter freiem Himmel, essen und trinken zusammen und veranstalten Spiele und Wettbewerbe. Dabei sind Bogenschießen und Reiterspiele besonders beliebt. Aber auch Tanz und Gesang sind wichtige Bestandteile solcher Feste. Besungen werden außer der Schönheit des Landes auch die Liebe zwischen Mann und Frau, oft mit deutlich erotischen Anspielungen. Nicht selten haben tibetische Lieder auch sozialkritische, satirische Inhalte.

Pferderennen, Schießen und alles, was Geschicklichkeit im Sattel erfordert, haben ihren festen Platz bei tibetischen Feierlichkeiten. Sie lassen wie das beliebte Epos über den reitenden König Gesar eine ferne Vergangenheit wieder aufleben, in der kriegerische Auseinandersetzungen untereinander und im Grenzland zu China an der Tagesordnung waren. Solche Reiterspiele sind besonders im Osten und Nordosten verbreitet, doch einer der bekanntesten Wettbewerbe findet jährlich in Nagchu im nördlichen Zentraltibet statt.

Selbstverständlich wird auf solchen Festen auch üppig gespeist, dennoch ist der tibetische Speisezettel im Alltag eher schlicht. Die Grundnahrungsmittel sind Fleisch, Milchprodukte und Getreide. Daneben wird in allen fruchtbaren Gebieten Gemüse angebaut, beispielsweise Rettich oder Kohl. Als »Nationalgericht« der Tibeter gelten die Momos, kleine gedämpfte oder frittierte Teigtaschen mit einer Fleischfüllung.

Fleisch ist in der kargen Landschaft Tibets der wichtigste Eiweißlieferant. Es wird entweder in Wasser gekocht oder als Trockenfleisch verzehrt. Das buddhistische Verbot, Tiere zu töten, wurde in der traditionellen Gesellschaft pragmatisch umgangen, indem mit dem Schlachten selbst – gegen Bezahlung – möglichst Nicht-Buddhisten betraut wurden, so beispielsweise die muslimische Minderheit in den Städten. In jedem Fall mussten Glücksgebete für das Wohl des getöteten Tieres im nächsten Leben verrichtet werden. Gelegentlich bekam man Fleisch von verendeten oder verunglückten Tieren angeboten, ob dabei eventuell »nachgeholfen« worden war, war dann oft Gegenstand von Gerüchten auf dem Markt. Heute übernehmen vor allem neu eingewanderte chinesische Muslime das Schlachten und Zerlegen der Tiere.

Neben Fleisch ist Tsampa das verbreiteste tibetische Nahrungsmittel. Tsampa wird aus Gerstenmehl hergestellt. Auf dem tibetischen Hochplateau wird in über 4000 Metern Höhe eine spezielle Gerstenart angebaut, die gut an die extremen Temperaturverhältnisse angepasst ist. Sie muss innerhalb der sehr kurzen warmen Saison gesät werden, zur Reife gelangen und geerntet werden.

Zur Herstellung des Tsampa wird zunächst das Gerstenkorn geröstet und anschließend in hand- oder wasserbetriebenen Mühlen gemahlen. Das Pulver vermischt man dann mit Butter und Tee und verarbeitet es zu einer teigähnlichen Masse. Diese wird in Stücke oder Streifen geschnitten und verzehrt.

Der Buttertee gilt als »Nationalgetränk« der Tibeter. Er wird immer und überall getrunken und ist stets – bei Festen, bei der Arbeit, beim Essen – präsent. Selbst in den Klöstern wird er in riesigen Kesseln für die Mönche aufgebrüht.

Zur Herstellung des Buttertees werden Krümel von chinesischen Teebriketts mit heißem Wasser aufgekocht, Salz und oft auch Soda hinzugefügt und das Ganze anschließend in ein schmales Butterfass gefüllt, wo es mit Yakbutter (eigentlich Dributter, da das weibliche Yak Dri genannt wird) vermischt und aufgeschlagen wird. Die Handgriffe zur Zubereitung von Buttertee sind vermutlich die von tibetischen Frauen am häufigsten verrichteten. Der Tee wird zumeist aus Holztassen getrunken, die man ständig mit sich führt, da das Trinken aus fremden Tassen traditionell als unrein gilt. Buttertee ist nicht nur ein leicht anregendes Getränk, sondern aufgrund seines hohen Fettgehalts auch eine flüssige, stark energetische Nahrung. Schon Kinder trinken täglich mitunter mehrere Liter davon. Sein Geschmack hat mit unserer Vorstellung von Tee wenig gemein und ist eher mit Suppe oder Brühe vergleichbar.

Das Haus hat in einer so rauen Natur wie der des tibetischen Hochlandes eine besondere Bedeutung. Die Tibeter haben eine sehr markante, eigenständige und originelle Architektur entwickelt, deren spektakulärste Beispiele Festungen und Paläste wie der Potala, der Palast des Dalai Lama in Lhasa, sind. Doch auch gewöhnliche Häuser zeugen vom handwerklichen Können ihrer Schöpfer. Obwohl das äußere Erscheinungsbild von Gebäuden sich in ganz Tibet sehr ähnelt, werden doch beim Bau die unterschiedlichsten Materialien verwendet. Während man Steinbauten fast überall antrifft, wird im bewaldeten Osttibet auch sehr viel Holz eingesetzt. Und in Zentraltibet und im regenarmen Westtibet werden Häuser oft aus Lehm oder ungebrannten Ziegeln errichtet. Charakteristisch für die traditionelle tibetische Architektur sind flache Dächer, nur wenige Fenster, weiß getünchte Mauern und ein festungsartiger Charakter. Die sich nach oben verjüngenden Mauern verleihen den Gebäuden trotz ihres massiven Aussehens eine elegante Dynamik. Bei neuen Bauten versucht man unter Einbeziehung »moderner« Einflüsse und Baumaterialien dieses typische Erscheinungsbild erneut zu formen.

Tibetisches Kunsthandwerk zeichnet sich durch meist üppige Ornamentik und Farbenfreude aus. Ob Möbel oder Teekannen, Decken oder Tontöpfe: Neben zahlreichen einheimischen Motiven wie zum Beispiel Tierbildern oder geometrischen Mustern werden vornehmlich Elemente der indischen und nepalesischen buddhistischen Ornamentskunst wie Lotosblüten verwendet, vereinzelt findet man auch mongolische und chinesische Motive.

Für die allgegenwärtigen Götterbilder in Tibets Klöstern und Privathaushalten werden Skulpturen in allen Größen benötigt. Kleinere Statuen werden in verschiedenen Metalllegierungen hergestellt. Die Technik hierfür übernahmen die Tibeter vornehmlich von der hoch entwickelten Handwerkskunst der Newar in Nepal. Größere Statuen, zum Bespiel für Tempelhallen, werden meist aus Ton geformt, anschließend mit Goldfarbe gestrichen und mit kostbaren Stoffen »angezogen«. Solche Statuen sind nicht selten mehrere Meter hoch.

Besonders berühmt ist eine andere Sparte tibetischen Kunsthandwerks geworden. Denn kaum einen Rohstoff haben tibetische Bauern und Nomaden über die Jahrhunderte mit solcher Meisterschaft zu veredeln gewusst wie die Wolle. Nach dem Scheren der Ziegen und Schafe wird die Wolle zunächst gekämmt und zu Wollflocken verarbeitet. Das Spinnen zu Garn übernehmen dann entweder die Frauen in Gruppenarbeit oder Männer, die manchmal auf Spaziergängen einen kleinen Sack mit Wollflocken und eine beschwerte Spindel mit sich führen. Im alten Tibet war Wolle der einzige Rohstoff, der für die Herstellung von Textilien zur Verfügung stand. Die besonders weiche Wolle, die aus dem Hals der Tibetziege geschoren wird, gelangte über Westtibet schon früh nach Indien und Europa, wo sie zur Herstellung von »Kaschmirwolle« weiterverarbeitet wird.

Auch Teppiche werden ausschließlich aus Wolle hergestellt. Die Kunst des Teppichknüpfens haben die Tibeter wahrscheinlich aus dem chinesisch-mongolischen Grenzland übernommen. Mit der Zeit haben sich allerdings Technik und Erscheinungsform des tibetischen Teppichs deutlich von fremden Vorbildern wegentwickelt. Charakteristisch ist der Reichtum von Farben und Ornamenten. Neben geometrischen Mustern und stilisierten Tier- und Pflanzenmotiven werden dabei Elemente der buddhistischen Symbolik verwendet. Sie dienen vor allem als Sitz- und Sattelunterlagen. In vielen Haushalten werden sie auch übereinander gelegt und als Schlaflager benutzt. Großflächige Teppiche hingegen wurden traditionell selten geknüpft. Jedes einzelne Stück ist eine individuelle Handarbeit.

Im alten Tibet waren die Handwerker aller Sparten in Zünften organisiert. Diese vertraten die Interessen ihrer Mitglieder gegenüber der Verwaltung, stellten Regeln auf, die zum Beispiel Preise und Qualitätsvorschriften betrafen, und schlichteten interne Streitigkeiten. Sie übernahmen aber auch soziale Aufgaben und leisteten unter anderem Hilfe im

← *Textrezitation im Kloster Reting, gegründet 1057 n. Chr. und nördlich von Lhasa gelegen. Die Mönche lernen in der meisten Zeit ihres mehrjährigen Studiums etliche Bände auswendig, deren Sinn ihnen später erfahrene Meister vermitteln.*

Krankheits- oder Todesfall. Solche Zünfte sind heute weitgehend verschwunden.

Während das Handwerk hauptsächlich außerhalb der Klostermauern seinen Platz hatte, waren die Klöster jahrhundertelang die Träger tibetischer Hochkultur. Über ihre Funktion als religiöse Bildungs- und Kultstätte hinaus waren die Klöster der Hort weltlicher Wissenschaften, vor allem der drei am höchsten entwickelten Disziplinen: der Zeitrechnung, Astrologie und Medizin. Bei uns im Westen wächst das Interesse für den tibetischen Kalender und die tibetische Medizin.

Der tibetische Kalender richtet sich nach einem 60-Jahre-Zyklus. Der gegenwärtige Zyklus ist der siebzehnte, er begann im Jahre 1987. Innerhalb eines Zyklus wird jedes einzelne Jahr nach den Tieren der Sternzeichen (Hase, Drache, Schlange, Pferd, Schaf, Affe, Vogel, Hund, Schwein, Maus, Rind und Tiger) benannt und zusätzlich mit den Elementen der Astrologie (Feuer, Erde, Eisen, Wasser und Holz) für jeweils zwei Jahre kombiniert. Schließlich gelten die Jahre abwechselnd als »männlich« oder »weiblich«. So folgte beispielsweise auf das männliche Jahr des eisernen Drachen (2000) das weibliche Jahr der eisernen Schlange (2001).

Wie viele Errungenschaften der Kultur vereint auch die traditionelle tibetische Medizin Einflüsse benachbarter Zivilisationen mit eigener schöpferischer Kraft. Neben Elementen der indischen ayurvedischen und der chinesischen Heilkunde lassen sich hier Einflüsse aus dem iranischen Raum und sogar aus dem antiken Griechenland nachweisen.

Die tibetische Medizin basiert auf der Überzeugung, dass drei »Säfte«, nämlich Wind, Galle und Schleim, die biologischen Vorgänge im Körper regulieren. Solange diese drei in der Balance sind, bleibt der Mensch gesund. Geraten sie aber durch unausgewogenen Lebenswandel oder äußere Einwirkungen ins Ungleichgewicht, sind Unwohlsein sowie physische und geistige Krankheiten die Folge. Der Heilungsprozess besteht demnach in der Wiederherstellung des Gleichgewichtes, es gilt dabei, die Über- beziehungsweise Unterproduktion der entsprechenden Säfte auszugleichen. Hierfür werden vom Arzt die Einhaltung »harmonischer« Lebensregeln, eine kontollierte Ernährung und bestimmte Medikamente verordnet.

Die tibetische Medizin kennt drei Diagnosemethoden: die ausführliche Befragung des Patienten über Ess- und Lebensgewohnheiten, Träume und Ähnliches, die augenscheinliche Untersuchung von Urinproben, wobei auf Farbe, Konsistenz, Geruch und Durchsichtigkeit geachtet wird, und schließlich die auch in China und Indien bekannte Pulsdiagnose. Dabei umfasst der Arzt das Handgelenk des Patienten und drückt auf genau bestimmte Punkte im Pulsbereich. So lässt sich feststellen, welcher der drei »Lebenssäfte« das Ungleichgewicht und somit die Krankheit verursacht.

Tibetische Ärzte verschreiben kleine runde Pillen, welche, wie in der Homöopathie, aus zahlreichen Zutaten meist pflanzlichen Ursprungs in jeweils sehr geringen Mengen zusammengesetzt sind. Sie sind besonders bei chronischen Krankheiten sehr wirksam und erfreuen sich daher auch im Westen zunehmender Beliebtheit. Zur Behandlung schwerer Störungen werden entsprechend »harte« Therapiemittel eingesetzt, so zum Beispiel die Verbrennung bestimmter Punkte am Körper mit einem glühenden Eisen.

Traditionelle tibetische Medizin und moderne Schulmedizin schließen einander nicht aus, sondern ergänzen sich. In den Krankenhäusern praktiziert man daher beide Formen der Heilkunde. Daneben werden alle Anstrengungen unternommen, die traditionelle Medizin zu lehren, weiterzuentwickeln und zu verbreiten. Auch außerhalb Tibets und Chinas erfreut sich in den letzten Jahren die traditionelle tibetische Medizin großer Beliebtheit. Die Herstellung der Medikamente wird in Tibet gegenwärtig als viel versprechende Industrie aufgebaut.

Die fruchtbaren Täler im Südosten des Landes werden landwirtschaftlich vielfältig genutzt. Als Getreide wird überwiegend Gerste angebaut. In der Region Kongpo nahe dem See Draksum Tso werden die Felder noch immer mit traditionellen Methoden bestellt.

Die höher gelegenen Gebiete eignen sich nicht für die landwirtschaftliche Nutzung. Die riesigen Weideflächen sind seit jeher Nomadenland. Der neben den Zelten gestapelte und getrocknete Yakdung dient als Heizmaterial.

Im April beginnt nach den harten Wintermonaten das Bestellen der Felder. Traditionell werden Yaks vor den Pflug gespannt. ➜

Auf einfachen Lehmöfen wird im Nomadenzelt der Buttertee zubereitet.

Grundnahrungsmittel der Tibeter ist das Tsampa. Das geröstete Gerstenmehl wird mit tibetischem Buttertee vermischt.

Gebetsfahnen markieren die höchsten Stellen der Pässe.

Gebetsfahnen auf dem Milapass

Beim Pferdefest in Nagchu

Mädchen aus Osttibet

Älterer Mönch im Kloster Drepung →

Riesige Yakherden weiden in der Steppe des nörlichen Tibets im Damzhung County.

Hirte mit seiner großen Schafherde am Yamdrock-See in Zentraltibet

Große Herden im Westen von Tibet, Ngari

Nomade

Frau auf dem Pferdefest in Nagchu

Ein typisches Kleidungsstück im Osten Tibets ist die Fuchsfellmütze.

Die Nomaden in der Region Kham sind berühmt-berüchtigt für ihre Tapferkeit und ihren Kampfgeist. Die Khampas sind traditionelle Pferdeliebhaber. Die hier abgebildeten Nomaden sind übrigens mit dem Motorrad unterwegs.

Schon früh helfen Kinder in Tibet im Haushalt, zum Beispiel beim Wasserholen. Litang in Osttibet, heutiges Sichuan

Frauen spielen in der tibetischen Gesellschaft seit jeher eine wichtige Rolle. ➜

Junge Frauen aus Osttibet tragen oft noch die traditionelle Tracht.

Kinder in Osttibet

Dorfjunge

Beim Pferdefest in Nagchu

Kinder in Tingri

Enthüllung eines Tangkas beim Shödon-Fest im Kloster Sera

Immer wieder werden auf Reisen an den Passhöhen Päckchen mit Gebetszetteln in die Luft geworfen und vom Wind davongetragen. Am Lhachen La auf 5150 Metern

Im Gegensatz zum trockenen und rauen Klima in Westtibet herrscht in der östlichen Region Kongpo ein mildes Klima mit viel Niederschlag. Anders als im übrigen Tibet gibt es hier anstelle der Flachdächer aus Lehm Satteldächer aus Holzschindeln.

Dank vieler Niederschläge gedeiht in der Region Kongpo eine üppige Vegetation. Neben Gerste, Weizen, Mais, Kartoffeln und verschiedenem Gemüse wird viel Raps angebaut.

Für Festlichkeiten und Picknicks wird in Tibet ein leichtes Leinenzelt verwendet.

Traditioneller Schmuck einer osttibetischen Tracht

Yak am Karo La in der Nähe des Sees Yamdrok Tso

Jedes Jahr treffen sich aus ganz Tibet Nomaden und Bauern zum großen Reit- und Pferdefest von Nagchu.

Im Kloster Tashilhunpo in Shigatse reinigen Mönche die Teppiche der Versammlungshallen.

Mit kleinen Meißeln werden auf Steine alte Mantras aufgebracht. Diese Steine, Manisteine genannt, werden an wichtigen religiösen Plätzen niedergelegt oder aufgestapelt.

Auf dem »Lingkhor« genannten Weg umwandeln die Pilger die heilige Stadt Lhasa. Viele hinterlassen Opfergaben, wie kleine in Khataks (Seidenschals) gehüllte Buddhafiguren. Sie werden an der »Wand der tausend Buddhas« nahe dem Hügel Chakpori in Steinspalten gelegt.

Verfasser und Verlag danken der Tibet Edition, Yarlung GmbH, Krefeld, die die Bilddaten für die Abbildungen auf folgenden Seiten zur Verfügung gestellt hat: S. 1, 4, 6, 8, 10, 12, 13, 14, 15, 16 rechts unten, 17, 18, 21, 24, 26 unten, 27, 29, 30, 31, 33, 36, 40, 41, 43, 45 oben, 46, 47, 48 rechts oben, 50, 51, 53, 54, 55, 66, 69, 70, 80 rechts, 81, 88, 90, 91, 93 oben und 96.

Seitenlayout und Satz: VerlagsService Dr. Helmut Neuberger & Karl Schaumann GmbH, Heimstetten
Lithografie: Repro Ludwig, Zell am See
Druck und Bindung: Stalling GmbH, Oldenburg
Printed in Germany

ISBN 3-475-53330-8